AF591868

LÉON GAUDEFROY

# Les Animaux dans les Traditions populaires EN PICARDIE

*Conférence faite aux Rosati Picards*

*Séance du 26 Mars 1906*

Cayeux-sur-Mer
Imprimerie P. Ollivier

# LES ANIMAUX

## dans les Traditions populaires

## en Picardie

## DU MÊME AUTEUR

---

*Notice historique sur la commune de Pont-Noyelles.* — Yvert et Tellier, in-8° coq.

*Rapport des Mesures anciennes usitées à Amiens et dans le département de la Somme avec celles du système métrique.* — Gamber, Paris, in-8° coq.

*Les Pourceaux de Monsieur Saint-Antoine*, légende et histoire. — Yvert et Tellier, in-16°.

*Biographie de Pierre Thuillier, peintre amiénois, 1799-1858.* — Yvert et Tellier, in-8° écu.

*Monographie de* Bayonvillers. — A. Picard, Paris, in-8° coq.

---

**Sous Presse :**

ECH' MARIAGE D' LAFLEUR

Comédie bouffe en un acte et en patois

LÉON GAUDEFROY

# Les Animaux
## dans les
# Traditions populaires
## EN PICARDIE

*Conférence faite aux Rosati Picards*

*Séance du 26 Mars 1906*

Cayeux-sur-Mer
Imprimerie P. Ollivier

# LES ANIMAUX

## dans les Traditions populaires

## en Picardie

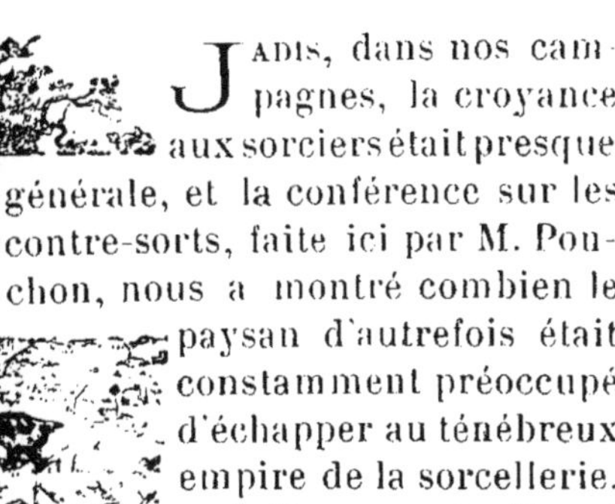

Jadis, dans nos campagnes, la croyance aux sorciers était presque générale, et la conférence sur les contre-sorts, faite ici par M. Pouchon, nous a montré combien le paysan d'autrefois était constamment préoccupé d'échapper au ténébreux empire de la sorcellerie.

A l'heure actuelle, si la croyance à ces sorciers est généralement disparue de nos campagnes, elles ne sont pas moins infestées d'erreurs et de préjugés. Sans faire un crime à ses habitants de vider l'eau de leur seille, dès qu'un malade a rendu le dernier soupir, parce que l'âme du défunt est venue s'y purifier avant de paraître devant Dieu, nous voudrions les voir moins effrayés d'entreprendre un voyage le vendredi, moins obstinés à ne pas s'asseoir treize convives à table ; nous voudrions surtout les voir bannir les pratiques ridicules, les croyances absurdes et les préjugés populaires qui régnent encore au village, pratiques et croyances plus étranges les unes que les autres.

Je n'ai pas, comme vous le pensez bien, la prétention de vous présenter une nomenclature de tous ces erreurs et préjugés ; il en naît même tous les jours un trop grand nombre pour qu'il soit permis de songer à en dresser un tableau complet ; je me bornerai à vous en signaler quelques uns relatifs aux animaux, choisis parmi les plus curieux, et nous aurons en cours de route l'occasion de diminuer quelques réputations usurpées et de réhabiliter quelques malheureux, condamnés par l'injuste colère du peuple des campagnes.

Exécutons d'abord un misérable batracien qui a abusé longtemps de notre crédulité et qui s'est fait admirer parmi ses connaissances météorologiques :

LA GRENOUILLE. — Elle est pour nos paysans un véritable baromètre, témoin le proverbe suivant :

*S'il doit faire beau, la grenouille*
*Croasse au bord des étangs ;*
*Au fond de la vase elle fouille*
*S'il doit venir mauvais temps.*

Son utilité pour prédire la pluie est un des préjugés les plus enracinés non seulement en Picardie, mais partout. On met dans un bocal plein d'eau un de ces gentils batraciens en compagnie d'une échelle ; s'il se tient au fond du vase : beau temps ; se pose-t-il avec persistance sur l'un des échelons supérieurs : gare la pluie. Le procédé est simple, à la portée de toutes les intelligences, le prix du matériel qu'il nécessite n'est pas comparable à celui d'un baromètre.

Qu'y a-t-il de vrai, en somme, dans cette opinion populaire ? Rien ; des savants ont soumis les batraciens à des expériences rigoureuses, dont les résultats furent désastreux pour les marchands de rainettes. En voulez-vous un exemple : sur une expérience qui a duré vingt jours, il y eut dix-neuf jours de pluie ; or, sur ces dix-neuf jours, douze fois les rainettes marquèrent : beau temps. La cause est entendue ; passons à une autre, celle de son malheureux frère : Le Crapaud, qui nous demande sa réhabilitation. Certes il n'est pas beau : sa bouche énorme, ses yeux clignotants, sa peau froide, molle, gluante, couverte de verrues et de pustules, tout, dans cet être grossièrement taillé, contribue à le rendre immonde. Si l'on joint à ces désavantages physiques les préjugés qui ont encore cours sur les dangers de son venin, on comprend avec quel empressement le pied de l'enfant et la bêche du laboureur s'abattent sur le malheureux batracien et l'écrasent sans se laisser émouvoir par la beauté de ses yeux cerclés d'or, ni par la mélancolie de son chant nocturne. La science moderne a étudié sans parti-pris les faits et gestes du crapaud et elle a constaté à maintes reprises les services qu'il rend à nos cultures.

L'accusation portée contre cet animal de lancer un jet de venin quand il est inquiété serait plus grave si elle était exacte. Le crapaud possède, comme tous les batraciens, des glandes venimeuses qui viennent s'ouvrir à la surface de sa peau ; elles sont abondantes surtout de chaque côté du cou, derrière les oreilles où elles forment un gros bourrelet glanduleux, mais leur venin ne peut être projeté en dehors. Ce que lance le crapaud quand il est irrité, ce n'est ni plus ni moins qu'un jet d'urine.

Ce qu'il y a de plus grave pour lui, c'est que sa présence porte malheur ; si parfois il arrive aux paysans, notamment ceux de la vallée de l'Hallue, lorsqu'ils puisent de l'eau, de remonter un crapaud dans leur seau : vite il faut le brûler ; c'est ainsi que tout danger est conjuré, — j'ai vu ce fait à Pont-Noyelles.

Une autre fois, un cultivateur perdait ses vaches les unes après les autres sans pouvoir juger de quelle maladie ; en nettoyant son étable, il remarqua un pavé qui était plus haut que les autres ; il le souleva, et à son grand effroi il vit dessous un gros crapaud ; il s'empressa de le tuer et la mortalité de ses bestiaux s'arrêta.

M. Ernest Héren, notre collègue, m'a raconté qu'une vieille femme de Molliens-au-Bois avait la réputation d'envoyer des poux à ceux qui ne lui plaisaient pas en s'y prenant de la manière suivante : elle recueille un crapaud mort, le laisse se dessécher complètement, puis le pile pour le réduire en fine cendre ; cette « pourette » lancée contre son ennemi lui engendre fatalement des poux ; quel malheureux animal ! même étant mort, ses cendres sont encore dangereuses.

Le Hérisson. — Comme le crapaud, le hérisson est l'innocente victime de préjugés déplorables. Certes, il ne brille pas, lui non plus, par l'élégance des formes ; il nous semble fort laid et disgracieux, mais depuis quand la laideur est-elle un crime ? Ses yeux sont petits, mais ils sont si vifs et si pleins de douceur ! Son petit museau pointu a quelque ressemblance avec le groin du porc. Il a contre lui, je le sais bien, son odeur désagréable et le bruit de feuilles mortes qui accompagne tous ses déplacements ; mais qui parle de le faire vivre dans les salons ? Quant à la cuirasse de piquants qui couvre son dos et ses flancs, c'est un appareil guerrier qui n'a rien d'offensif : « Le renard sait beaucoup de choses, le hérisson n'en sait qu'une grande, disaient proverbialement les anciens : il sait se défendre sans combattre et blesser sans attaquer ; plus on le tourmente, plus il se hérisse et se resserre ». Faut-il lui en vouloir pour ce geste ? Nullement, il pratique à sa façon, qui est la bonne, ce qu'on appelle la paix.

Tout cela est bel et bon, répond le chœur de la routine, mais le hérisson est un animal nuisible. Il grimpe aux arbres, transperce les fruits de ses épines et les emporte sur son dos ; non seulement il aime à la passion les œufs qu'il sait fort bien gober, mais il ne déteste pas non plus les poules qui les pondent, et plus d'une malheureuse volaille est traîtreusement étranglée par lui pendant son sommeil innocent. Il vole le lait dont il est très friand et son audace va même jusqu'à téter les vaches ; enfin, dernière raison, sa présence porte aussi malheur,

La plupart de ces assertions ne supportent pas l'examen ; mais il faut bien s'excuser, n'est-ce pas ? de poursuivre et de tuer la malheureuse bête avec tant d'acharnement. D'abord, le hérisson ne grimpe pas aux arbres, et, s'il mange parfois les fruits tombés à terre, il n'a pas pour ces derniers une prédilection marquée. Il transporte, il est vrai, sur ses piquants, les matériaux qui doivent tapisser sa demeure d'hiver ; il se roule sur les feuilles sèches, s'en met une forte charge sur le dos et chemine avec son fardeau jusqu'à sa retraite ; mais je ne le vois pas bien se roulant sur un tas de pommes pour en emporter quelques-unes à la pointe de ses piquants ; pourquoi faire d'ailleurs, puisqu'il hiberne ?

L'origine de ce préjugé vient peut-être dans ce fait qu'un jour de vent une pomme sera tombée d'un arbre sur le dos d'un hérisson, au grand effroi de ce dernier; quelque imbécile les voyant ainsi, l'un portant l'autre, se sera imaginé que ce mode de transport était une conséquence de la profonde astuce du hérisson ; il n'en faut pas plus pour créer une légende.

De multiples observations montrent qu'il est carnivore, mais rares sont les poules qui périssent sous la dent du hérisson ; je ne le vois pas non plus en train de téter au pis d'une vache !

Quant au prétendu *« mauvais œil »* du hérisson, on comprendra qu'il est inutile de discuter une semblable sornette ; sa présence, au contraire, « porte bonheur » aux jardins dans lesquels il détruit beaucoup d'insectes.

Si du hérisson nous passons au Lézard, cet *ami de l'homme*, la note change du tout au tout ; ainsi il suffirait, quand on est sans le sou, de mettre une queue de lézard dans l'un de ses souliers pour que l'or affluât dans ses poches. N'est-ce pas là un moyen bien simple pour arriver à l'extinction du paupérisme ?

Les Abeilles. — Ces petites bêtes ne portent pas malheur, mais elles sont l'objet de croyances et d'usages singuliers ; ainsi, dans les villages où les mouches à miel sont nombreuses, lorsqu'une personne meurt dans une maison, l'on ne se contente pas de couvrir les ruches d'un voile noir en signe de deuil, mais le plus proche parent du défunt va annoncer aux abeilles à haute et intelligible voix : *« N... est mort ; c'est un grand malheur ! »* Il paraît que sans cette précaution, les insectes mourraient bientôt. On attribue aussi aux abeilles beaucoup de discernement, car elles piquent volontiers les hommes qui jurent et les femmes qui se conduisent mal.

Lorsqu'une ruche est devenue trop petite pour le nombre de ses habitants, une partie la quitte pour former une nouvelle colonie, autrement dit elles « essaiment ». Quand on peut assister à cet événement, la chose est des plus curieuses. La loi disant que les essaims appartiennent au propriétaire de la ruche d'où ils sortent tant que celui-ci est à leur poursuite, on ne manque jamais de le faire, et avec quel cortège ! La mobilisation a sonné dès qu'on a vu les abeilles sortir d'une façon inaccoutumée : les uns prennent des couverts de four, des casseroles ou tout autre objet susceptible de faire du bruit en frappant dessus, et on suit l'essaim en lui faisant un véritable charivari ; c'est pour l'effrayer et le faire arrêter. Lorsqu'il poursuit sa course, on se met à crier à tue-tête : « *Mouche que Dieu a créée pour l'Eglise illuminer, je te conjure par la Sainte Trinité de t'arrêter.* » Une fois posé, l'essaim est recueilli dans une nouvelle ruche qui a été préalablement aspergée d'eau bénite.

Dans certains endroits, vous entendrez dire que les abeilles qui « essaiment » le jour de la Fête-Dieu, élèveront dans leur nouvelle ruche un Saint Sacrement *(ostensoir)* en cire.

Il est des idées si absurdes que les citer c'est les réfuter : ainsi les abeilles sont accusées de détruire les poussières fécondantes nécessaires à la fructuation des plantes ; mais au contraire elles y contribuent pour beaucoup en répandant ces poussières sur le pistil lorsqu'elles s'introduisent dans la fleur ; nos hortillons en sont les témoins journaliers et quelquefois même les victimes, s'ils ont par exemple des poireaux en fleur et qu'un voisin a des oignons : l'année suivante, lorsqu'ils sèmeront leurs graines, ils auront l'un et l'autre des poireaux et des oignons ; le même fait se produit encore pour des choux et des navets, et pour d'autres plantes.

Dans bien des pays, l'on prétend qu'il ne faut jamais vendre une ruche pleine, mais qu'on doit l'échanger contre un autre objet ; — que celui qui la livre pour de l'argent s'expose à ce que les abeilles qui restent chez lui désertent son domaine par mépris ; — que, lorsque le domaine passe à un héritier, si ce dernier jouit d'une mauvaise réputation, les ruches sont bientôt vides ; — enfin, que celui qui vole une ruche n'en profite pas. Témoin l'histoire suivante racontée par M. Alcius Ledieu, membre d'honneur de notre Société :

Un sieur Mangot, dit Ferdaine, demeurant à Demuin, avait une parente qui aimait beaucoup les douceurs, les friandises, les sucreries, et particulièrement le miel. A plusieurs reprises, elle sollicita Ferdaine de lui procurer du miel. Or, comme celui-ci n'avait pas d'abeilles et qu'il était trop pauvre pour acheter une ruche, il ne trouva rien de plus simple que d'en voler une. Il cacha son larcin dans le grenier de sa maison et, le lendemain, il se mit en devoir de recueillir le miel. C'était le samedi 15 octobre 1814. La torche de paille enflammée qui devait servir à asphyxier les mouches ayant été approchée trop près du toit, couvert en chaume, le feu prit aussitôt à la toiture avec une rapidité effrayante et gagna les maisons voisines qui, à cette époque, se trouvaient également couvertes en chaume, et une grande partie du village y passa.

Voilà comme on dit à Demuin que les abeilles se sont vengées.

Le Chat. — Voilà une des plus grandes victimes des préjugés populaires : le chat est perfide, le chat est ingrat, dit-on. Le fait est que le chat a conservé jusque dans la domesticité une noble indépendance. La fourrure des chats et celle des lièvres sont, paraît-il, plus épaisses lorsque l'hiver doit être rigoureux ; ce serait là une attention bien délicate de la nature, mais je ne vous conseille pas de vous fier à cet espèce de pronostic. On a voulu faire aussi du chat une sorte de baromètre : quand il passe sa patte par dessus les oreilles, ce n'est nullement signe de pluie, comme en sont convaincues les bonnes femmes qui ont créé ce dicton :

*Chat qui caresse son oreille,*
*La méfiance vous conseille.*

C'est tout simplement signe de démangeaison ou de propreté. C'est un préjugé bien innocent que celui qui consiste à mettre un collier de liège aux chattes pour faire passer leur lait, mais ce qui est moins innocent, c'est de jeter les chats par les fenêtres sous prétexte qu'ils retombent toujours sur leurs pattes ; plus d'un malheureux chat a été victime de cette réputation exagérée de souplesse. Ce qui l'est moins encore, c'est de mutiler tous les jeunes chats soi-disant pour les délivrer d'un ver que la nature leur aurait mis au bout de la queue ; comment font donc les chats sauvages ? Si les chats domestiques ne sont pas sensibles à des soins si charitables, il faut convenir que l'homme est bien en droit de les taxer d'ingratitude...

Le Cochon. — Encore un animal bien calomnié. Il n'est pas vrai que le cochon aime la malpropreté. Il a besoin de se baigner souvent, et, à défaut d'eau claire, il se vautre dans la fange, mais ce n'est pas par préférence ; le véritable cochon, c'est le porcher qui ne change pas assez souvent son eau et sa litière. Ceci me rappelle une scène fort réjouissante :

Un cultivateur du Santerre, petit éleveur de porcs, se plaignait de voir ses bêtes mourir l'une après l'autre ; on lui avait jeté un sort, disait-il ; il alla trouver le curé pour le prier de venir exorciser ses deux pensionnaires, prêts à le quitter comme les autres ; le curé, homme d'esprit, y consentit, mais il fit remarquer au paysan qu'il ne pouvait asperger d'eau bénite une porcherie malpropre et qu'il fallait auparavant la nettoyer à grande eau, gratter et frotter les murs de l'étable, ce qu'il fit, et le sort disparut.

Il existe encore dans certains pays une coutume de faire entrer à l'étable le cul le premier le porc qui arrive du marché ; il vient, paraît-il, beaucoup mieux.

Le Boeuf. — Qui n'a souvent entendu dire que si l'homme commande en maître à des animaux plus grands et plus forts que lui, c'est que leur œil est fait de telle sorte qu'ils le voient plus grand qu'il ne l'est dans la réalité, et c'est ordinairement le bœuf que l'on cite comme exemple.

On dit aussi, lorsqu'une vache vêle et que le nouveau-né est un mâle, que cette vache aura un veau femelle à son vêlage suivant, et *vice-versa* si la lune change dans les trois jours qui suivent sa mise-bas. Mais si cet événement se produit au cours d'une année bissextile, il existe un usage singulier, du moins à Rainneville; le fait m'a été rapporté par M. Héren; voici en quoi il consiste : on coupe un large bout de l'oreille du veau pour faire la part de « *Bissète* », autrement l'animal meurt sûrement dans le courant de l'année. (*Bissète est un être imaginaire qui n'agit sans doute que pendant les années bissextiles.*)

Le Bouc et la Chèvre. — Il est des gens qui s'imaginent que les boucs ont la propriété d'absorber les miasmes et qui, dans cette persuasion, rendent à leurs chevaux le mauvais service d'en introduire dans les écuries; loin d'assainir les lieux où ils sont, je pense que leur présence ne peut que les infecter.

Croiriez-vous que la chèvre ait des ennemis ? Eh bien, oui, c'est tout au plus si on ne la classe pas au nombre des animaux nuisibles. On lui reproche de créer l'aridité partout où elle se nourrit, et, comme pour le cheval d'Attila, l'on prétend que l'herbe ne repousse point là où elle est passée.

C'est aller beaucoup trop loin que de prétendre assigner un rôle nuisible à la chèvre et de la ranger parmi les animaux à détruire. Elle est appelée avec raison la vache du pauvre ; en effet, cet animal, dont la nourriture est peu coûteuse, nourrit facilement de son lait la pauvre famille qui l'élève. Cependant, des préventions se sont élevées contre l'emploi de son lait, car suivant une vieille légende, la chèvre communique son caractère au nourrisson alimenté de son lait, et comme on dit « *capricieux comme enne marguette* », voyez le résultat.

Une autre légende porte une accusation plus grave encore contre cet animal : des bonnes femmes racontent que chaque chèvre devient invisible une heure par jour et qu'elle passe cette heure en enfer. Les âmes les plus scrupuleuses peuvent boire du lait de chèvre sans craindre de partager le menu avec Satan ; un seul fait suffit pour dissiper leurs soupçons : le pape Léon XIII buvait quotidiennement du lait de chèvre ; il lui attribuait, dit-on, la vigueur de sa vieillesse et la lucidité de son esprit.

Le Colimaçon. — Quoi qu'en dise la chanson des enfants, le colimaçon, le *lémichon* pour parler picard, n'est pas borgne ; il n'est pas plus vrai qu'il soit aveugle. Si quelqu'un d'entre nous ignorait le divertissement procuré à la jeunesse des villages par les *lémichons*, je vais le rappeler.

Lorsqu'un enfant rencontre un de ces mollusques, il s'en empare et essaie de faire sortir

de sa coquille ses tentacules, qu'il appelle ses cornes ; en attendant que le colimaçon veuille bien consentir à obéir à l'enfant, celui-ci chante un très grand nombre de fois le couplet suivant :

*Lémichon borgne,*
*Montre-moi tes cornes,*
*Je te dirai où ta grand'mère est morte.*
*Elle est morte à...* (un pays voisin)
*Hier après midi.*
*Din, don, don.*
*Din, don, don.*

Finalement le limaçon est écrasé par l'enfant, qui se lasse vite à ce jeu.

Puisque je viens de vous parler des jeux des enfants avec le lémichon, je vais vous donner encore deux autres exemples pris parmi tant d'autres.

Vous connaissez tous la Coccinelle, petit insecte rouge tacheté de points noirs, ayant la forme d'une demi-boule ; c'est le plus grand ennemi des pucerons. Quand un enfant trouve l'un de ces insectes, appelé vulgairement *bête à Bon Dieu* ou *Pinpin,* il le met courir sur l'un des doigts de sa main gauche en chantant dix, vingt, trente fois les paroles suivantes :

*Pinpin vole.*
*Si tu ne t'involes point,*
*Midi sonné*
*J' té tuerai.*

C'est ce qui arrive lorsque l'insecte n'a pas cru devoir obéir à l'injonction de son petit bourreau.

LES CHAUVES-SOURIS, appelées *croque-seris* ou *cate-soéris,* ou encore *séris sans langues,* sont l'objet d'un autre amusement. Pendant la saison d'été, au coucher du soleil, ces animaux sortent de leurs trous et volent autour des habitations pour trouver les insectes qui leur servent de nourriture. Les enfants, aussitôt qu'ils les aperçoivent, chantent :

*Croque-seris, rapasse par ichi,*
*J' té barai du pain musi*
*Au bout d'eunne fourchette,*
*Epi d'elle ieu à boire,*
*Croque-seris tout' noire.*

L'ANE. — Nous n'examinerons point ici si les ânes ne portent une croix sur le dos que depuis le jour où Jésus-Christ fit son entrée à Jérusalem sur une ânesse ; je vous ferai aussi grâce de la question de savoir si c'est signe de beau temps quand les ânes se roulent dans la poussière, et signe de pluie quand ils dressent les oreilles et marchent de côté ; il s'agit d'une fête religieuse : « la fête de l'âne », qui existait au Moyen Age non seulement en Picardie, mais qui se célébrait dans plusieurs cathédrales de France ; c'est surtout à Beauvais qu'elle se faisait avec le plus de pompe et qu'elle conserva son caractère primitif.

Cette singulière cérémonie fut instituée dans le cours du IXe siècle, mais c'est seulement au

XII^e qu'elle atteignit sa plus haute période de bizarreries. Corblet, dans les Mémoires de la Société des Antiquaires de Picardie, nous en donne l'origine : « De vieilles chroniques de Vérone racontent, dit-il, que l'âne qui conduisit Jésus et Marie en Egypte, après avoir traversé la Palestine et visité les villes de Chypre, de Rhodes, de Candie, d'Aquilée, vint établir sa retraite à Vérone, en Italie. Cet âne, malgré sa supériorité intellectuelle sur les autres individus de sa race, n'en était pas moins de même nature ; aussi paya-t-il son tribut à la mort. Grande fut la douleur des Véronais, magnifiques furent les funérailles de l'âne. Ses os furent renfermés dans une châsse d'argent massif qui avait la forme d'un âne. Les pèlerins de France, témoins des nombreuses merveilles opérées par cette châsse, rapportèrent dans leur pays cette étonnante nouvelle. De là cette vénération pour l'âne miraculeux, et cette espèce de culte qui s'établit dans plusieurs villes de France, mais surtout dans la capitale des Bellovaques. »

Voici quelques détails sur cette cérémonie :

Le 14 janvier, dès la pointe du jour, une jeune fille de Beauvais, montée sur un âne et tenant un enfant entre ses bras, pour représenter la Sainte-Vierge fuyant en Egypte, partait de la cathédrale pour se rendre à l'église Saint-Etienne. L'âne était recouvert de superbes draperies et la jeune fille portait une chappe d'or. Une foule énorme, précédée du clergé, lui faisait escorte ; la procession arrivée aux portes de l'église, on entonnait un verset approprié, puis la jeune fille et sa noble monture étaient introduits dans le sanctuaire où ils se plaçaient du côté gauche. La messe solennelle commençait, et après le *Veni Creator* on chantait un autre verset de circonstance.

Le *Kyrie*, le *Gloriæ*, l'*Epitre*, le *Credo*, l'*Ite missa est* et le *Deo Gratias* se terminaient toujours par le cri trois fois répété de *hi-han !* et c'était après l'épître qu'on chantait la fameuse prose de l'âne dont la traduction a été faite par Corblet. On fléchissait le genou à la dernière strophe, alors qu'on chantait *Amen dicas asine.*

D'après le manuscrit du XII$^{e}$ siècle dont parle Du Cange dans son *Glossarium*, chaque couplet de cette prose était terminé par ce refrain :

*Hez sire asnes, car chantez*
*Belle bouche rechignez,*
*Vous aurez du foin assez*
*Et de l'avoine a plantez.*

L'Eglise n'a jamais approuvé ces burlesques cérémonies ; elle a du reste condamné les acteurs de cette fête bizarre, comme on peut le voir en lisant un arrêt du Parlement qui date de 1552.

En parlant d'âne, cela me rappelle une petite histoire qui m'a été racontée par M. Alcius Ledieu :

Suivant une croyance très répandue dans le Vimeu, si une jeune fille s'aventurait de donner en souvenir une mèche de ses cheveux à son bon ami, ce dernier, en délaissant sa fiancée, ne tarderait pas à la voir accourir vers lui, fût-il au bout du monde.

On raconte à ce propos qu'un jour un jeune homme pressa vivement sa promise de lui faire cadeau d'une mèche de ses cheveux ; la jeune fille hésita longtemps ; elle se fit beaucoup prier. Pour s'éviter la course possible que pourrait lui valoir dans l'avenir la conduite de son bon ami s'il trahissait la foi jurée et s'il devenait volage, elle eut recours à un procédé dont l'idée ne pouvait naître que dans la cervelle d'une .. Picarde.

Elle se rendit dans leur étable et coupa quelques crins à... la queue de leur ânesse ; elle les enveloppa soigneusement dans du papier et, le soir venu, dès que son fiancé, revenant à la charge pour la centième fois, lui eut exprimé le désir de posséder de ses cheveux, elle lui mit fort mystérieusement dans la main le présent sollicité depuis longtemps.

A quelques mois de là, le jeune homme, qui ne s'était point aperçu de la supercherie — parce qu'il n'avait jamais pris la peine d'ouvrir le paquet — partit pour accomplir son service militaire. Il eut bientôt oublié les serments de fidélité qu'il avait faits avant son départ. Un soir qu'il rentrait à la caserne avec plusieurs autres soldats, quel ne fut point son étonnement de se voir suivi par une ânesse ; ses camarades se montrèrent non moins surpris que lui ; ils cherchaient la raison de ce fait bizarre lorsque le jeune homme, se rappelant le présent de sa bonne amie, supposa qu'elle avait bien pu le mystifier ; il ouvrit le paquet qu'il portait sur lui et constata avec stupéfaction qu'il renfermait des crins noirs, alors que sa bonne amie était... rousse. Il frotta une allumette et fit flamber le paquet de soi-disant cheveux. Au même instant, l'ânesse s'évanouit en fumée comme les crins de sa queue, au grand ébahissement de l'infidèle et de ses compagnons.

Il y a des animaux qui mettent nos paysans dans des transes perpétuelles, car une foule d'entre eux sont doués d'une pernicieuse influence ; il est vrai qu'il y en a aussi qui le sont de la vertu contraire et parfois les mêmes portent bonheur et malheur, suivant les circonstances dans lesquelles ils se présentent.

Pauvre malade, celui qui entend le *« hululement »* de LA CHOUETTE ; ses héritiers peuvent se réjouir, car il ne tardera pas à trépasser, à moins toutefois qu'une âme désintéressée ne jette du sel dans la cheminée ; alors le malheur est conjuré.

LA PIE est classée aussi parmi les oiseaux de malheur ; deux ou plusieurs en nombre pair ce n'est rien, mais une seule ou plusieurs en nombre impair c'est bien mauvais augure. La même croyance se retrouve pour les corbeaux, mais moins répandue.

Funeste également, la vue d'un CHEVAL noir ; très agréable, au contraire, la vue d'un cheval blanc.

LA POULE qui chante comme le coq menace de mort un membre de la famille, et la mort sera certaine si cette gallinacée traîne un brin de paille ; aussi il faut s'en défaire à tout prix ; en certains endroits on se contente de manger la volaille augure, ce qui n'est pas la plus mauvaise solution, puisque la poule qui chante ne pond plus ordinairement ; à ce sujet je citerai le proverbe bien connu :

*Glaine qui cante,*
*Femme qui siffle,*
*O zé tort leu cou.*

Les poules ont aussi le talent de prédire le temps ; jugez-en par ce second proverbe :

*Si quand il pleut les poules s'en vont à l'abri,*
*Dites que la pluie s'en va finir ;*
*Si elles restent dehors et se laissent mouiller,*
*Ne pensez pas que la pluie va cesser.*

Le Coucou. — Lorsque, pour la première fois de l'année, on entend le chant du coucou, il faut s'assurer si on porte sur soi quelqu'argent. Si oui, c'est alors un signe que l'on en aura toute l'année. Si au contraire votre bourse est vide, ce n'est pas un présage de richesse, bien loin de là.

Les Moutons eux-mêmes, ces inoffensives créatures, ont leur influence comme les autres, et c'est de leur rencontre que dépendra le bon ou mauvais accueil qu'on doit vous faire où vous allez : ainsi, s'ils viennent à vous, poursuivez votre route ; mais s'ils vous tournent le dos, croyez-moi, faites-en autant.

Si nos paysans, en venant au marché, aperçoivent un troupeau de moutons venant à leur rencontre, ils sont dans la joie : c'est pour eux un signe que leurs affaires seront fructueuses ; si au contraire les moutons leur tournent le dos, l'insuccès les attend.

Autrefois on croyait fermement aux Herminettes, petites bêtes à fourrure blanche, au corps allongé, et qui ne se montraient que le soir. On disait que c'étaient des âmes de revenants qui venaient par leur présence réclamer des messes, rappeler des promesses faites et non tenues par des héritiers, etc... Elles vous passaient dans les jambes et l'on se gardait bien de leur faire du mal ; outre que les herminettes y seraient insensibles, on serait *tricoté* (frappé à coup de trique) par une main invisible et l'on s'exposerait à de grands malheurs. Maintenant, dit-on, il n'y a plus d'herminettes, parce que le dimanche on récite dans chaque paroisse des prières pour les trépassés. Dans certains pays on raconte que les herminettes, le soir de la Saint-Jean, vont dans les prés sucer le lait des vaches qui ne sont pas à l'étable.

Les Loups Garous (1). — A la croyance des herminettes se rattachait celle d'un autre animal imaginaire : le loup-garou. J'en emprunte le récit

---

(1) Il existait jadis à Amiens la rue du Loup-Garou ; elle se trouvait près de la place Maubert. (Arch. dép. de la Somme, B, 189.)

fait par M. le Comte de Loisne dans le Bulletin de la Société des Antiquaires de Picardie (1905 — 3e trimestre) : « Les loups-garous étaient des animaux légendaires qui se faisaient entendre pendant l'Avent et le Carême, mais de préférence à la première de ces époques, surtout dans le voisinage des forêts. C'étaient les âmes des excommuniés qui, sous l'apparence d'un loup, venaient pousser des hurlements lugubres.

« Mais si les loups hurlaient quelquefois, plus souvent qu'aujourd'hui, on pense bien que la bise d'hiver leur faisait souvent concurrence dans les imaginations apeurées de nos pères, en même temps que parfois les mauvais plaisants. Témoin l'anecdote suivante qui ne remonte qu'au commencement du siècle dernier : En 1820, un loup-garou paraissait chaque soir dans les fossés des remparts de Montreuil. C'était tout simplement un complaisant domestique qui s'affublait de peaux de bêtes et poussait des hurlements pour écarter les promeneurs indiscrets pendant que son maître, en joyeuse compagnie, se livrait à de honteux plaisirs. »

S'il est des animaux dont l'influence est toute funeste, il en est aussi dont l'influence est toute propice : les Hirondelles, les Mésanges, les Roitelets par exemple. Aussi est-il défendu de leur faire du mal. Un nid d'hirondelles fixé à une demeure est un gage de bonheur et de prospérité. Cette demeure est, entre autres privilèges, préservée de la foudre. Celui qui détruit un nid d'hirondelles s'expose aux plus grands malheurs.

Quand une jeune fille aperçoit une hirondelle seule, au retour de ces oiseaux, cela lui indique qu'elle ne se mariera pas encore dans le courant de l'année ; mais si, au contraire, elle voit deux hirondelles volant ensemble, c'est un signe certain de prochain mariage.

A Dieu ne plaise que, dans notre ardeur à détruire les préjugés, nous songions à priver ces oiseaux des bénéfices d'une erreur qui leur est si avantageuse. Ce n'est pas parce qu'ils nous portent bonheur qu'il faut respecter les hirondelles, les mésanges et les roitelets, c'est parce qu'ils sont tout-à-fait inoffensifs, c'est parce qu'ils nous rendent même service, en donnant la chasse aux moucherons et autres insectes.

Je termine enfin cette incomplète revue des préjugés zoologiques par celui qui a cours sur les Araignées. Qui ne connaît le proverbe :

*Araignée du matin,*
*C'est grand chagrin :*
*A midi,*
*Du plaisi :*
*Au soir,*
*De l'espoir.*

On dit aussi quelquefois, lorsqu'on voit des *arnitoëles* (toiles d'araignées) dans une maison, qu'une personne de cette maison se mariera dans l'année.

En certains pays, dans le Vimeu surtout, les araignées sont de véritables talismans; pour avoir de la chance au jeu, on emploie le stratagème suivant : on prend une araignée, on l'enferme dans une boîte ; quand elle est anéantie, réduite en miettes, on en jette la poussière sur les cartes, les dominos, etc... A coup sûr, on aura de la chance.

Les gens de certains villages vous diront que l'araignée porte bonheur aux étables, qu'elle purifie l'air ; le fait est qu'elle porte bonheur aux troupeaux en dévorant les mouches qui les tourmentent. Pour d'autres enfin, la vue d'une araignée annonce de l'argent.

Nos paysans d'autrefois n'avaient à leur disposition ni baromètres ni bureaux météorologiques pour prévoir les caprices de l'atmosphère ; ils prétendaient apprendre de la nature même et surtout des animaux le temps qu'il devait faire ; j'ai eu déjà l'occasion de vous signaler ces faits sur certains animaux, mais voici d'autres exemples et proverbes :

Doit on craindre le mauvais temps, la pluie et l'orage ?

Les corbeaux et corneilles s'appellent à grands cris. Les chiens grattent la terre, les taupes exhaussent leurs monticules, et, vers le soir, les chauves-souris, inquiètes, pénètrent dans les maisons. Si le coq et l'alouette chantent plus tôt qu'à l'ordinaire, c'est un signe certain d'orage ; les hirondelles qui rasent le sol, c'est encore mauvais présage, car :

*Hirondelle qui rase la terre,*
*De la pluie avant-courrière.*

| | |
|---|---|
| *Canard qui crie,* | *Carpe qui saute,* |
| *C'est de la pluie.* | *De l'eau sans faute.* |

S'il doit faire beau, au contraire, le gibier à poil reste dans les bois, les rossignols chantent toute la nuit et les tourterelles roucoulent. Les oiseaux se perchent au sommet des arbres et bien en vue. Les moucherons et les cousins tourbillonnent en bande avant le coucher du soleil, et la nuit venue, les vers-luisants brillent d'un éclat extraordinaire. Les abeilles, les frelons et guêpes se montrent de bon matin.

M. Ponchon aurait pu joindre aux talismans qu'il nous a apportés un gros caillou troué, car ces silex ont la propriété de protéger les animaux des sorts. En effet, dans certains villages du Santerre, il n'est pas rare de voir, dit Lefèvre-Marchand (1), en entrant dans la cour des vieilles habitations, un gros caillou pendu aux murs des étables et formant à son centre ou auprès un œil à four, par lequel il est accroché. Si vous demandez, dit-il, au maître de la maison ce que fait là cette pierre, il vous répond : « Je l'ai trouvée à

(1) Bulletin de la Soc. des Antiq. de Picardie, tome IX, p. 322.

cet endroit, je l'y ai laissée, parce que mon père m'a dit autrefois que mon aïeul lui répétait souvent que cela portait bonheur; je vous avoue que les vieilles femmes du pays racontent aux veillées d'hiver que ces sortes de cailloux sont un préservatif contre les sorts que l'on pourrait jeter aux animaux ; mais, Dieu merci ! je n'en crois rien. Je la conserve seulement parce que de génération en génération elle a été un objet de respect et n'y veux rien changer ».

Les vieilles femmes disent : « Pour préserver vos bestiaux du sortilège, il faut trouver sur votre chemin, mais sans aller à sa recherche, un caillou ayant à son centre ou auprès un trou à jour simulant un œil, par lequel vous l'accrocherez aux murs de vos étables, comme préservatif contre les maléfices, car les sorciers, qui sont doués de la faculté de porter malheur à ceux qu'ils regardent, n'ont aucun pouvoir dans les lieux où se trouve cette pierre tutélaire douée du bon œil, laquelle, en sa qualité de protectrice, se tient toujours vigilamment sur ses gardes ; mais malheur à vos bestiaux si un sorcier entre chez vous et bouche le trou de votre caillou avec un galet ou une autre pierre ; hâtez-vous, si vous en apercevez, d'ôter ce dernier, car votre talisman n'a plus aucun pouvoir; sa vigilance est endormie et le sorcier est maître de vous faire tout le mal possible.

Après vous avoir parlé de beaucoup d'animaux, je ne puis finir sans vous dire deux mots sur la rage, non au point de vue scientifique bien entendu.

Qu'est-ce que la rage? d'où vient-elle? Les opinions varient; la plus répandue, c'est qu'elle est produite par l'excès de la soif ou de la faim, et qu'elle se manifeste surtout dans les grandes chaleurs. Certains prétendent que la rage ne se déclare que chez les animaux dont la cervelle a été gelée; d'autres répondent que la cervelle ne saurait geler ainsi et soutiennent que c'est une folie d'amour non satisfait. On ne diffère pas moins sur la nature des remèdes : je ne vous en signalerai qu'un qui était très efficace. La personne mordue par un animal atteint de rage était, lorsque cette maladie s'était développée chez lui, l'objet d'un traitement aussi énergique que barbare : on plaçait non pas le coupable, mais le malheureux entre deux matelas et on l'étouffait.

On raconte qu'il existait à Nibas, dans la première moitié du siècle dernier, une famille du nom de Lavernot, qui prétendait descendre du grand saint Hubert et dont les membres avaient, disait-on, le pouvoir de prévenir les conséquences de la rage. Ils touchaient des animaux atteints qu'on leur amenait ou qu'ils allaient voir, quelquefois très loin, et ce fait seul empêchait ces animaux de se livrer aux accès déterminés habituellement par la rage; ils mouraient d'une mort douce sans faire aucune victime.

La ténacité des préjugés les plus ridicules est

un fait qu'il sera difficile d'anéantir. Les superstitions les plus ineptes datent de plusieurs milliers d'années, et les braves gens qui dans les foires consultent des somnambules extra-lucides, ne sont point fort éloignés des Grecs demandant à l'oracle de Delphes quelques renseignements sur l'avenir. Aujourd'hui comme autrefois, nous avons des pythonnisses ; il ne faut donc pas s'étonner si dans nos campagnes certaines erreurs se perpétuent ainsi de générations en générations.

## DU MÊME AUTEUR

---

*Notice historique sur la commune de Pont-Noyelles.* — Yvert et Tellier, in-8° coq.

*Rapport des Mesures anciennes usitées à Amiens et dans le département de la Somme avec celles du système métrique.* — Gamber, Paris, in-8° coq.

*Les Pourceaux de Monsieur Saint-Antoine*, légende et histoire. — Yvert et Tellier, in-16°.

*Biographie de Pierre Thuillier, peintre amiénois, 1799-1858.* — Yvert et Tellier, in-8° écu.

*Monographie de* BAYONVILLERS. — A. Picard, Paris, in-8° coq.

---

**Sous Presse :**

## ECH' MARIAGE D' LAFLEUR

Comédie bouffe en un acte et en patois

www.ingramcontent.com/pod-product-compliance
Ingram Content Group UK Ltd.
Pitfield, Milton Keynes, MK11 3LW, UK
UKHW021533260726
13993UKWH00004B/1964

9 782329 479811